WILLIAM MCKINLEY

En los orígenes del expansionismo estadounidense

Por Quentin Convard
En colaboración con Pierre Frankignoulle
Traducido por Laura Soler Pinson

Historia · en50MINUTOS.es

WILLIAM MCKINLEY

DATOS CLAVE

- **¿Nacimiento?** El 29 de enero de 1843 en Niles (Ohio).
- **¿Muerte?** El 14 de septiembre de 1901 en Buffalo (Nueva York).
- **¿Partido político?** Partido Republicano.
- **¿Fechas de las elecciones?**
    - El 4 de marzo de 1897.
    - El 4 de marzo de 1901.
- **¿Duración de los mandatos?** Cuatro años, seis meses y diez días.
- **¿Principales aportaciones?**
    - Ganancias territoriales (Guam, Puerto Rico, Filipinas).
    - Vuelta al monometalismo y al patrón oro.
    - Vuelta de la prosperidad.
    - Reafirmación del poder presidencial.

INTRODUCCIÓN

William McKinley es el vigesimoquinto presidente de Estados Unidos. Durante catorce años, es un influyente miembro republicano de la Cámara de los Representantes y, más adelante, se convierte en gobernador de Ohio, de 1892 a 1896. Su presidencia inicia su andadura en 1897, cuando Estados Unidos se ve sumida en una grave crisis económica. Su carrera está marcada por decisiones relacionadas con los derechos de aduana, que desea incrementar para respaldar las industrias del país, y con la conservación del patrón oro en una época en la que muchos defienden el bimetalismo.

William McKinley también se reafirma como un hombre de Estado decidido gracias a su política exterior, que acaba con el periodo de aislamiento en el que se encontraba Estados Unidos hasta ese momento. También es el presidente con el que los estadounidenses toman las armas para luchar contra los españoles en Cuba, por lo que libera la isla del yugo de la potencia ibérica. Gracias a las medidas que implementa, lleva al país a una nueva era, la del expansionismo, que sus herederos transforman en imperialismo. En 1900, la crisis ya solo es un mal recuerdo y se gana la guerra de Cuba. Así, su reelección es un mero trámite. Sin embargo, el 6 de septiembre de 1901, el anarquista Leon Czolgosz (1873-1901) dispara dos balas de revólver en el abdomen de William McKinley, que muere a consecuencia de sus heridas unos días después. McKinley se convierte en el tercer presidente estadounidense asesinado, después de Abraham Lincoln (1809-1865) y de James Abram Garfield (1831-1881).

BIOGRAFÍA

LA INFANCIA

William McKinley nace el 29 de enero de 1843 en Niles, Ohio, en una familia devota metodista (movimiento religioso cristiano que surge en el siglo XVIII) que tiene nueve hijos. Crece en un ambiente que se posiciona a favor de la abolición de la esclavitud y del Partido Whig (partido de derecha liberal). En 1852, su familia se muda a Poland (Ohio), donde su padre se encarga de una fundición.

Siete años más tarde, el joven McKinley entra en el Allegheny College de Meadville, en Pensilvania, donde solo cursa un año a causa de su frágil salud. Cuando su estado mejora, su familia no puede cubrir los gastos de sus estudios. Así, tiene que buscarse un empleo y trabaja brevemente como empleado de correos y, más adelante, como profesor hasta que estalla la guerra de Secesión en 1861.

LA GUERRA DE SECESIÓN

En seguida, se inscribe como voluntario en las tropas federadas del 23.º Regimiento de infantería de Ohio y se acostumbra rápidamente a la vida de soldado. Durante este conflicto, entabla amistad con Rutherford Birchard Hayes (1822-1893), futuro decimonoveno presidente de Estados Unidos, cuya autoridad y cuyo mando impresionan al joven hombre. William McKinley, que en un primer momento se encarga de la intendencia, es ascendido al rango de sargento en 1862. Aunque al principio solo participa en combates menores, el 14 de septiembre de 1862 se enfrenta a la sangrienta batalla de South Mountain y, tres días más tarde, a la de Antietam, considerada una de las más violentas del conflicto, ya que acabará con la vida de 23 000 hombres. William McKinley destaca por su valentía y es ascendido al rango de subteniente.

En la primavera de 1864, entra en el valle de Shenandoah (Virginia), que se encuentra sacudido por numerosas batallas en las que participa. Tras el asalto de Kernstow del 24 de julio, el ejército nordista cae y William McKinley es ascendido a capitán. A continuación, es transferido al Estado Mayor del general Georges Crook (1828-1890). Durante la batalla decisiva de Cedar Creek, el 19 de octubre de 1864, actúa como primer adjunto del general Samuel S. Carroll (1832-1893).

Fotografía de McKinley tomada por Mathew Brady en 1865, justo después de la guerra.

También es en esa época cuando vota por primera vez y opta por el candidato republicano Abraham Lincoln. Justo antes del final de la guerra, sube al rango de diplomado de Estado Mayor, tras lo que vuelve a la vida civil. Aunque los generales que lo han tenido a sus órdenes le urgen a que emprenda una carrera en el ejército, William McKinley prefiere volver a Ohio para trabajar como jurista.

EL DERECHO Y LA POLÍTICA

En 1867, tras dos años de formación en la Albany Law School, es admitido en el colegio de abogados de Warren, en Ohio, e instala su despacho en Canton, donde lleva una vida tranquila de persona importante. En esa época, entra en política apoyando a su amigo Rutherford Birchard Hayes, que aspira al puesto de gobernador. Para ayudarlo, William McKinley no duda en participar en su campaña, llegando a convertirse incluso en un elemento clave de su equipo. El antiguo comandante resulta elegido y, en 1869, William McKinley se presenta bajo los colores republicanos para el puesto de fiscal del distrito en el condado de Stark, un bastión demócrata. Para sorpresa de todos, gana las elecciones, pero no logra salir reelegido dos años más tarde.

Paralelamente a su ascenso profesional, en 1867 conoce a Ida Saxton (1847-1907), la hija de un importante banquero de Canton, con quien se casará cuatro años más tarde. Juntos tendrán dos hijas, Katherine e Ida, que morirán con tan solo unos años de diferencia, lo que sumirá a su madre en una depresión.

Retrato de Ida Saxton.

En 1876, William McKinley logra un nuevo éxito en su carrera política gracias a un acontecimiento que le brinda una gran popularidad en el mundo obrero. Ese año, se encarga de la defensa de los mineros del carbón arrestados tras enfrentamientos con esquiroles y obtiene la absolución de todos sus clientes, salvo de uno. Este proceso tiene una gran repercusión y le permite conocer a Marcus Hanna (1837-1904), propietario de la mina y hombre de negocios de Cleveland, que se convertirá de ahí en adelante en uno de sus principales apoyos. Respaldado por su popularidad y por sus nuevos contactos, William McKinley resulta fácilmente elegido en la Cámara de los Representantes en 1877, año en el que se produce la elección de su amigo Rutherford Birchard Hayes como presidente de Estados Unidos.

EN LA ARENA POLÍTICA

Como miembro del Congreso, intenta apoyar el desarrollo de la industria estadounidense en el mercado interior y se convierte *de facto* en un ferviente defensor de los derechos de aduana proteccionistas. Aunque se retira de la vida política en 1883, vuelve a Capitol Hill en 1885 y va alcanzando poco a poco el estatus de figura imprescindible del Partido Republicano. Su inteligencia, su energía y su carisma le permiten aspirar al cargo de presidente de la Cámara de Representantes en 1889, pero no logra el puesto. No obstante, obtiene su nombramiento en el prestigioso Comité de Vías y Medios de la Cámara, donde propone el Tariff Act (Ley arancelaria) de 1890, más conocido con el nombre de McKinley Tariff (Ley arancelaria de McKinley), que impone varios derechos de aduana proteccionistas sobre los productos extranjeros. Abandona su puesto en 1891 para convertirse en gobernador de Ohio al año siguiente.

Este puesto le ayuda a cultivar una prestigiosa agenda de contactos y a darse a conocer a la población. Sin embargo, a pesar de su ascenso profesional, la economía de la pareja va mal. En efecto, al igual que muchos estadounidenses, William McKinley sufre de lleno la crisis económica de 1893, y esto lo acerca a los ciudadanos. Cofirma los préstamos de un amigo, de quien desconocía que se encontraba en bancarrota, y pierde una enorme cantidad de dinero. Esto lo lleva a plantearse su dimisión para retomar su carrera de jurista, que le permitiría pagar las deudas contraídas por su amigo. Pone como garantía su casa, pero sus seres cercanos crean un fondo para ayudarlo. Gracias a esto, se paga rápidamente la deuda. Por consiguiente, los electores ven en él a un hombre político con una faceta humana, cercano a sus problemas, y muestran una gran simpatía por él. Así, William McKinley resulta elegido fácilmente a finales de 1893. Para las elecciones de 1895, no vuelve a presentarse al puesto de gobernador, pero logra que salga elegido un republicano, Asa Smith Bushnell (1834-1904). Dado que su sucesión ya está garantizada, aquel al que apodan Idol of Ohio («Ídolo de Ohio») ya puede centrarse en alcanzar la presidencia de Estados Unidos.

CONTEXTO POLÍTICO Y SOCIAL

LA EDAD DE ORO

La carrera política de William McKinley debuta en 1867, cuando Estados Unidos está saliendo de un conflicto que ha sacudido a todo el país y está entrando en un periodo económico favorable, llamado «la edad de oro». Este momento está marcado por:

- la industrialización del país. La producción de Estados Unidos aumenta considerablemente entre 1860 y 1900, pasando de 2 a 13 millones, al igual que la población activa no agrícola, que pasa de 4 a 18 millones. En 1890, Estados Unidos produce tanto como Gran Bretaña, Alemania y Francia juntas;
- el desarrollo del sistema de ferrocarriles. Mientras que en 1860 había 48 000 kilómetros de vías férreas, a finales de siglo alcanzamos los 320 000 mil kilómetros;
- el extraordinario incremento de la población, vinculado en gran parte a la inmigración. En 1860, hay 31,5 millones de estadounidenses, mientras que en 1900 son 66 millones;
- la urbanización masiva de la costa este. En 1890, 7 de las 50 ciudades más grandes del mundo pertenecen a Estados Unidos.

De manera más general, es un periodo de capitalismo salvaje en el que el empresario se convierte en la figura central, en perjuicio del dueño de plantaciones. El destino, la riqueza y el poder de los magnates como Andrew Carnegie (industrial estadounidense, 1835-1919), John Pierpont Morgan (financiero estadounidense, 1837-1913) o John Davison Rockefeller (industrial estadounidense, 1839-1937) seducen e inspiran a muchos estadounidenses.

Por el contrario, la política exterior interesa poco a la opinión pública. La edad de oro corresponde a un periodo de aislamiento. Estados Unidos, que es una antigua colonia, se muestra reacia a las políticas expansionistas de los países europeos y las condena. Sencillamente, los estadounidenses, orgullosos de su sistema democrático y convencidos de su superioridad, no ven el interés de abandonar su territorio y consideran que es difícil integrar regiones incompatibles con sus ideales. Además, la compra de Alaska a Rusia en 1867 por siete millones de euros marca el final de la dominación continental de Estados Unidos. A partir de ahí, cualquier ampliación territorial tendría que provenir de una conquista marítima.

Así, para los estadounidenses, la aventura se resume a los desafíos de la industrialización y a la fiebre del oro. Sin embargo, la mentalidad cambia a partir de 1890 con la desaparición de la Frontera. Entonces, empieza a surgir entre los estadounidenses la idea de que se necesita algún tipo de expansión para que la nación sobreviva, y esta opinión se ve reforzada por la crisis económica de 1893-1895. Por consiguiente, se concentran los esfuerzos en la marina de guerra, que aumenta significativamente: en 1883 se encuentra en la duodécima posición, mientras que en 1890 pasa a la sexta, y se asegura dos bases navales: una en Pearl Harbor, en una de las islas de Hawái, y otra en Pago Pago, en el archipiélago de

Samoa (Oceanía).

LA CRISIS ECONÓMICA DE 1893

El crecimiento económico de Estados Unidos no es estable y sufre breves periodos de depresión imprevisibles y, a menudo, violentos. Este es el caso, en particular, de las crisis de 1873, de 1883 y, sobre todo, de 1893, que se ve marcada por el colapso financiero de los ferrocarriles. Ese mismo año, el sistema ferroviario se satura y sume en la bancarrota a muchas empresas, como la Philadelphia & Reading Railroad, la Union Pacific Railroad o la Northern Pacific Railway. De hecho, el desempleo alcanza el 17 % en el punto álgido de la crisis. Además, la industrialización y la urbanización salvaje hacen que sea insoportable la vida en las ciudades, donde la precariedad y la miseria se convierten en algo normal. Esto se traduce en conflictos sociales feroces y en huelgas que a menudo se reprimen con sangre, como en Coeur d'Alene (Idaho) y en Homestead (Pensilvania) en 1892, o en Chicago, en las fábricas Pullman, en 1894.

La política del presidente de la época, Stephen Grover Cleveland (1837-1908), no logra frenar la crisis. Este demócrata y conservador convencido, que se rodea en su gabinete de numerosos hombres de negocios, pierde su popularidad durante su mandato. En su opinión, la economía solo puede volver a florecer gracias al impulso de los mejores individuos de la sociedad. Con esta idea, el presidente demuestra que no le preocupan las víctimas de la depresión y que intenta por todos los medios mantener la confianza de la banca y de la industria. De hecho, considera que las protestas obreras son una plaga que hay que erradicar. Así lo confirma el episodio de represión brutal del ejército de desempleados liderado por Jacob Coxey (hombre político estadounidense, 1854-1951), que avanza hacia Washington para pedir cuentas a la administración demócrata. No obstante, las decisiones económicas que se toman para frenar la crisis no dan sus frutos.

Retrato de Jacob Coxey.

El gran reto de esos años es la moneda. En efecto, desde el 1 de julio de 1890, las reservas oficiales de oro han disminuido 132 millones de dólares, mientas que las de plata se han incrementado en 147 millones. Así, Stephen Grover Cleveland debe anular el Sherman Silver Purchase Act (Ley Sherman de compra de plata), que previamente había impulsado. Esta ley obligaba al Gobierno a comprar cada mes 4,5 millones de onzas de plata y a dar a cambio billetes que podían cambiarse por plata u oro. Como la mayoría de los inversores escogía el oro, esto provocó una fuerte disminución de las reservas del Gobierno. Pero su estrategia resulta desastrosa y arruina aún más la economía estadounidense. La fuga de las reservas de oro toma proporciones alarmantes y, a partir de 1894, el presidente debe recurrir a dos préstamos sucesivos. El segundo exaspera a la población estadounidense: el demócrata negocia con los banqueros John Pierpont Morgan y Auguste Belmont Jr. (1853-1924), lo que, en cierta manera, pone en manos del mundo de los negocios las llaves de la economía.

EL MOVIMIENTO POPULISTA

En los años 1890, la situación en el campo no es mucho mejor que en las ciudades y es en los graneros de Estados Unidos donde nace un importante movimiento de protesta: el movimiento populista. La extensión de la superficie cultivada, la mejora de las herramientas, la competencia, el auge de la productividad y la obligación de practicar el monocultivo trastornan las estructuras campesinas. Los *farmers* ya no consiguen pagar las deudas contraídas por la compra de tierras y de nuevas máquinas. Sin embargo, la agricultura también ha vivido un importante crecimiento: entre 1860 y 1890, el número de granjas se multiplica por tres, lo que provoca la caída de su precio de producción (por ejemplo, el maíz pierde un 25 % de su precio en veinte años). Para afrontar la crisis, los campesinos se unen a pesar de sus diferencias étnicas, religiosas o geográficas y fundan el Partido Populista (o Partido Popular).

En 1892, para las elecciones presidenciales, el movimiento presenta a un candidato que recoge un 8,5 % de los votos y recibe el apoyo de 22 grandes electores. En esa época, los partidos tradicionales inspiran una auténtica desconfianza y, para sobrevivir, observan con atención las reivindicaciones del Partido Populista. Entre ellas, encontramos la reforma del sistema bancario, el mantenimiento del bimetalismo y de una moneda débil que favorece a los deudores, la reapropiación de las tierras cedidas a las compañías ferroviarias, etc.

Es la primera vez desde 1865 que republicanos y demócratas se ven obligados a compartir espacio con un contrincante tan molesto. En efecto, desde el final de la guerra civil, la vida política estadounidense se ciñe a un bipartidismo dominado por los republicanos, que reúnen en un mismo grupo a los industriales de la costa este, a los granjeros del Medio Oeste, a los antiguos combatientes, a los negros y a una gran cantidad de obreros, lo que crea una cierta cohesión anárquica que los demócratas envidian. Por su parte, estos últimos están divididos entre los Borbones (sector del partido muy liberal) y los blancos del sur por un lado, y los obreros y los inmigrantes de las grandes ciudades por el otro. Pero, independientemente de que representen intereses ferroviarios y bancarios y, por lo tanto, sean poco favorables a los derechos de aduana, como los demócratas, o que sean más proteccionistas porque están vinculados a la industria, como los republicanos, los líderes de estos partidos a menudo son hombres que surgen del mismo ambiente, que defienden de la misma manera a los más poderosos de la sociedad, y eso acaba cansando a los estadounidenses. No obstante, la campaña innovadora de 1896 renueva el interés de la población por las elecciones nacionales.

MOMENTOS CLAVE

LA CAMPAÑA PRESIDENCIAL DE 1896

En este contexto tenso de crisis y de conflictos sociales se desarrolla la campaña de William McKinley en 1896. Para enfrentarse a él, los demócratas escogen como candidato al joven William Jennings Bryan (1860-1925), defensor del mundo agrícola y del bimetalismo oro-plata. Este denuncia a los banqueros, dice ser el protector del estadounidense medio e intenta sumar a su proyecto a los empleados de la industria, con lo que se convierte en el portavoz de aquellos que están preocupados por la industrialización. Su manera de hacer campaña, física e innovadora, anticipa la carrera presidencial moderna. Se pasea por todo el país para reunirse con los estadounidenses, recorriendo más de 30 000 kilómetros, pronuncia más de 600 discursos y se encuentra con cerca de un millón de ciudadanos de 27 estados, cuando, hasta ese momento, los candidatos limitaban sus trayectos y sus entrevistas con los electores.

Por su parte, William McKinley escoge una estrategia distinta. Confía la gestión de su campaña a su amigo Marcus Hanna, que concibe el juego político como el mundo empresarial, usando la publicidad y difundiendo al menos 5 millones de volantes y de publicaciones por semana.

Retrato de Marcus Hanna.

El candidato opta por hacer campaña desde su hogar en

Canton, en Ohio, y observa cómo más de 750 000 ciudadanos se amontonan ante su casa. Su electorado está compuesto por una gran cantidad de hombres de negocios demócratas que se sienten traicionados y que tienen miedo de las propuestas de William Jennings Bryan, pero no logra reunir en su bando más allá de populistas y de *farmers*. De hecho, los partidarios del oro y los progresistas urbanos le dan la espalda, y su fe evangelista preocupa a otra parte del electorado. Sin embargo, el poderío financiero de William McKinley y de Marcus Hanna resulta ser un arma igual de temible que la de los demócratas, y es que los gastos de campaña de los republicanos ascienden a siete millones de dólares, contra los 600 000 de William Jennings Bryan.

Tras el escrutinio, William McKinley gana a su rival con más de siete millones de votos y el apoyo de 271 grandes electores.

UNA ECONOMÍA QUE HAY QUE DINAMIZAR

Durante la campaña, el demócrata vitupera los vínculos que William McKinley mantiene con el mundo de los negocios. La prensa se apropia directamente de esta crítica y no duda en crear caricaturas del candidato como un niño que actúa bajo la tutela de Marcus Hanna. Sin embargo, aunque William McKinley está sometido a los poderes económicos, al igual que sus predecesores, lo cierto es que critica los monopolios, ya que los considera anomalías económicas peligrosas que ponen en riesgo el bien público.

El desafío de su mandato se encuentra en la cuestión de la moneda. William McKinley desafía el patrón oro y un bimetalismo a escala internacional, al contrario que los demócratas, que siguen muy aferrados a la plata. No obstante, conservar el bimetalismo en los intercambios internacionales resulta ser un fracaso. Por consiguiente, abandona la acuñación de monedas de plata y únicamente mantiene el patrón oro en el país, lo que trae una cierta prosperidad y acalla las críticas de los defensores del bimetalismo. Además, el descubrimiento de oro en Alaska y en Australia termina por convencer a los escépticos y aumenta la oferta de dinero del país. Sin embargo, William McKinley debe esperar al mes de marzo de 1900 para que se vote el Gold Standard Act (Ley del patrón oro), que correlaciona el dólar con el oro.

Cartel electoral de 1900 que muestra a McKinley de pie sobre el patrón oro, sostenido por soldados, marinos, hombres de negocios y obreros.

Gracias a los catorce años que William McKinley ha pasado en la Cámara de los Representantes, se ha convertido en el especialista en temas aduaneros y monetarios del Partido Republicano. De acuerdo con las promesas de su campaña, el antiguo gobernador de Ohio intenta aumentar los gastos de aduana sobre las exportaciones extranjeras y disminuir las tasas en el mercado interior para proteger mejor la industria estadounidense y los obreros. Como consecuencia, se llega al Dingley Tariff Act (Ley arancelaria de Dingley) de 1897, que propone el representante de Maine, Nelson Dingley (1832-1899), y que aumenta las tasas de aduana un 49 %.

LA GUERRA DE CUBA

Las cuestiones relativas a la moneda se ven rápidamente eclipsadas por la política exterior y por la urgencia del conflicto que opone a cubanos y a españoles desde 1895. A finales del siglo XIX, España ve cómo decaen su poder y su influencia mundial y, poco a poco, se convierte en una potencia frágil, sometida a los deseos de independencia de sus colonias. De hecho, muchas van adquiriendo de forma progresiva su soberanía y hacen que surja una voluntad de liberación en los pueblos de los otros países dominados, entre ellos, Cuba. Ya entre 1868 y 1878, los cubanos se habían enfrentado en una guerra a los colonos españoles. En esa época, el dueño de plantaciones Carlos Manuel de Céspedes (1819-1874) había emancipado a sus esclavos para crear un ejército que los liberara del yugo español. A él se habían unido unos cuarenta dueños de plantaciones más, en vano.

En 1895, estalla una nueva revuelta, más violenta esta vez, que dará sus frutos. Un año antes, el Wilson-Gorman Tariff Act (Ley arancelaria de Wilson-Gorman) ha incrementado seriamente las tasas de las importaciones de azúcar que vienen de Cuba hacia Estados Unidos, lo que complica la situación económica de la isla. Dado que la situación social no hace más que empeorar desde hace años, los cubanos deciden rebelarse contra los españoles, pero el conflicto en seguida se agrava. Por una parte, los sublevados pillan los bienes de los que siguen apoyando a España; por otra, el general español Valeriano Weyler (1838-1930) encarcela a los insurrectos en campos de concentración.

La administración McKinley sueña con intervenir, pero la opinión pública está dividida. Los ámbitos intelectuales y protestantes se declaran rápidamente a favor de una operación, mientras que el mundo económico y financiero piensa que la entrada en guerra del país puede frenar la recuperación económica y debilitar la estabilidad monetaria. Aunque el estadounidense de finales del siglo XIX hace gala de un nacionalismo exacerbado, sigue siendo relativamente hostil a una política expansionista, salvo si se le da una razón moral, de lo que se encargan periódicos como *The World* y *The Journal*, que logran avivar la ira del pueblo.

Una de las primeras tensiones entre España y Estados Unidos nace con una carta del embajador español, Enrique Dupuy de Lôme (1851-1904), publicada en contra de su voluntad el 9 de febrero de 1898 en el *New York Journal*. En ella, el diplomático describe al presidente William McKinley como un hombre de Estado débil y cobarde. Esta provocación empieza a avivar las tensiones, pero es la explosión del barco USS Maine en el puerto de La Habana, un accidente que provoca 260 muertos, lo que termina de convencer al presidente para movilizar a sus tropas en Cuba. Sin embargo, se trataría de la explosión de una caldera o de un incidente en el polvorín, pero frente a la cobertura mediática que ofrecen los periódicos favorables a la guerra, la nación se siente atacada y tiene sed de venganza.

La primera reacción del presidente es intentar firmar un armisticio con España el 27 de marzo de 1898 con una reivindicación principal: la independencia de Cuba. Pero los españoles declinan la propuesta estadounidense, por lo que el enfrentamiento se vuelve inevitable. Entonces, el 11 de abril de 1898, William McKinley, convencido de la legitimidad de su país para intervenir, informa al Congreso de que desea enviar fuerzas armadas para liberar Cuba y recibe el respaldo el 19 de abril de 1898. De esta manera, McKinley llama a 125 000 voluntarios el 23 de abril, dos días después de que la flota estadounidense haya procedido al embargo de la isla. Al día siguiente, España declara la guerra a Estados Unidos.

La guerra de Cuba dura tres meses, durante los que las fuerzas estadounidenses logran derrotar a las tropas hispánicas. El 12 de agosto, los españoles aceptan un alto el fuego, lo que pone punto final al conflicto.

EL EXPANSIONISMO ESTADOUNIDENSE

En Filipinas se producen otros acontecimientos que convierten la guerra contra España en una cruzada colonial. El 1 de mayo de 1898, el almirante estadounidense Georges Dewey (1837-1917), a la cabeza de siete buques, destruye la flota española en el puerto de Manila. La guerra termina y el mundo de los negocios se interesa por las posibles anexiones de las regiones liberadas. En efecto, Filipinas se presenta como un paraíso y como un elemento central del comercio con China, pero Estados Unidos está dividido sobre la cuestión de la anexión de estos nuevos territorios. Se llega a crear incluso una liga antiimperialismo, que vitupera la política expansionista del presidente republicano. En su opinión, la absorción de estos territorios es incompatible con los principios constitucionales, morales y políticos de Estados Unidos. Pero William McKinley zanja la cuestión y compra Filipinas por 20 millones de dólares a España, que le cede Puerto Rico y la isla de Guam a título de indemnización. Además, se reconoce la independencia de Cuba.

Como demostración del cambio de mentalidad, Estados Unidos también compra Hawái en julio de 1898. En 1867, el antiguo secretario de Estado estadounidense, William Henry Seward (1801-1872), había intentado anexionar esta isla, pero el Congreso se había negado. William McKinley, que observa una evolución en el pensamiento del mundo de los negocios, se convierte en el precursor del imperialismo estadounidense. Entiende que el Estado debe desarrollar una política exterior favorable a la exportación de productos y de inversiones.

retomada por Theodore Roosevelt. Estados Unidos se permite el lujo de intervenir militarmente para proteger sus intereses comerciales, aunque no por ello pone en entredicho la soberanía nacional de los distintos países.

Mientras que William McKinley, desde el principio de su mandato, pide al Congreso que cree una comisión que evalúe las oportunidades comerciales en Asia y en China, las nuevas adquisiciones en el Pacífico facilitan los intercambios con esta última. Así, acaba con la política aislacionista de los padres fundadores que predominaba en sus predecesores y se convierte en el primer presidente internacionalista. Esta entrada estruendosa y rápida en la escena mundial permite a William McKinley reafirmar el papel del presidente ante el Congreso.

LA REAFIRMACIÓN DEL PODER PRESIDENCIAL

De William Henry Harrison (1773-1841) a Ulysses Simpson Grant (1822-1885), no surge ninguna figura política emblemática y la imagen del presidente se debilita a ojos del pueblo. Pero la concepción del papel presidencial de William McKinley es distinta a la de sus predecesores republicanos. Para darse a conocer mejor ante los estadounidenses, utiliza dos tácticas. La primera consiste en limitar el poder del Congreso mostrándose muy presente en los temas de política interior. Por consiguiente, influye en el programa legislativo, proponiendo leyes a través de congresistas aliados y se apoya en su vicepresidente, Garret Hobart (1844-1899), muy influyente en el Congreso. La segunda se basa en la utilización de la prensa para atraer la atención mediática hacia la Casa Blanca en vez de hacia el Congreso y, de paso, controlar la información. Consciente del nuevo poder que la prensa está creando, pone a su disposición una sala en la Casa Blanca, donde su secretario organiza una sesión informativa todos los días.

William McKinley tampoco duda en no seguir las decisiones que toma el Congreso en lo que respecta a las cuestiones militares. Así, el presidente innova en su manera de gestionar el ejército y envía tropas sin comunicarlo al Congreso cuando lo considera necesario, algo que los congresistas demócratas le reprochan debidamente. No obstante, esto le permite imponer su autoridad y ser considerado un jefe de Estado firme y decidido.

LOS DERECHOS DE LOS NEGROS ESTADOUNIDENSES

William McKinley, que proviene de una familia favorable a la abolición de la esclavitud y que lucha con las fuerzas federadas, encarna para muchos negros estadounidenses la figura de quien acelera el avance de los derechos cívicos. Sin embargo, esto no llega a producirse. Si bien había condenado públicamente la práctica del linchamiento como gobernador, cuando asciende a presidente, su política relativa a los derechos de la población negra resulta muy pusilánime. Aunque nombra a unos treinta afroamericanos en puestos importantes, sus acciones siguen siendo mucho menos importantes que las que habían llevado a cabo los presidentes republicanos antes que él.

LA CAMPAÑA ELECTORAL DE 1900

Tras cuatro años en la Casa Blanca, la popularidad de William McKinley alcanza su apogeo gracias a las decisiones que ha tomado durante la guerra de Cuba y a la vuelta de la prosperidad. Por consiguiente, la reelección no es más que un mero trámite. Tras el fallecimiento de su vicepresidente, William McKinley escoge como compañero de candidatura en la Convención de Filadelfia a Theodore Roosevelt (1858-1919), el gobernador de Nueva York y héroe de la guerra contra España.

De nuevo, su oponente es William Jennings Bryan, que vuelve a proponer una política a favor del bimetalismo, pero esta idea resulta anacrónica. El oro funciona y los estadounidenses han olvidado las cuestiones monetarias desde que la economía ha vuelto a florecer. Por otra parte, también estigmatiza la política expansionista de William McKinley, pero este tema tampoco interesa a los estadounidenses, ya que el expansionismo ya forma parte de sus costumbres. Por consiguiente, William McKinley resulta elegido con la mayoría más amplia desde la guerra de Secesión y acapara 292 electores por 155 de su rival. Incluso gana en Nebraska, cuyo representante es William Jennings Bryan.

EL ASESINATO DEL PRESIDENTE

Una vez reelegido, William McKinley inicia un viaje en tren de seis semanas por el país con Ida, su mujer. El 6 de septiembre, mientras está dando un discurso en la exposición panamericana en Buffalo, el anarquista Leon Czolgosz le dispara dos tiros. Uno de los proyectiles resulta desviado por un botón y solo lo roza, pero el segundo alcanza el estómago, el páncreas y un riñón. El tirador es arrestado inmediatamente: se le condena a la silla eléctrica y es ejecutado el 29 de octubre de 1901.

El asesinato del presidente William McKinley por parte de Leon Czolgosz, dibujo de T. Dart Walker.

En los días siguientes al atentado, la salud de William McKinley mejora, pero el 12 de septiembre, el estado del republicano se deteriora bruscamente. El 14 de septiembre, William McKinley muere de la gangrena que le ha provocado la herida.

Theodore Roosevelt, a quien un telegrama informa el 12 de septiembre de la salud debilitada del presidente, se encuentra en ese momento en Mont Marcy (estado de Nueva York). Se desplaza hasta Buffalo dos días después y presta juramento cuando muere William McKinley, con lo que se convierte en el presidente más joven de Estados Unidos a sus 42 años.

REPERCUSIONES

UN PRESIDENTE OLVIDADO

Podemos considerar a William McKinley como el gran olvidado de la historia de los jefes de Estado estadounidenses. Ciertamente, es el presidente más popular en el momento de su asesinato, pero la presidencia brillante y enérgica de Theodore Roosevelt oculta su mandato. Todavía hoy en día los estadounidenses lo ignoran y la opinión popular lo denigra tras la presidencia de su sucesor. El mandato del antiguo gobernador de Ohio a veces se considera como un simple preludio a la evolución que vivió Estados Unidos a principios del siglo XX. Sin embargo, a partir de los años cincuenta, los historiadores rehabilitan la figura de William McKinley. Pero la imagen que transmite es la de un presidente cuyas acciones, aunque importantes, estuvieron sometidas a los designios del mundo de los negocios. En definitiva, William McKinley habría sufrido la transformación del país, en vez de dirigirla personalmente. Sin embargo, su presidencia no puede resumirse a eso y su acción se extiende hasta la Primera Guerra Mundial (1914-1918). Es tanto testigo como instigador de la política expansionista estadounidense, el presidente que dirige Estados Unidos en ese momento crucial de la historia entre aislamiento y expansión y el que da inicio a la política imperialista estadounidense del siglo XX. En resumidas cuentas, William McKinley marca su época e inaugura una nueva era para su país y también para su partido.

UN PARTIDO REPUBLICANO CONSOLIDADO

Uno de los mayores éxitos de William McKinley es haber consolidado el Partido Republicano y haberlo estabilizado en el poder durante los siguientes treinta años. El Partido Republicano, que todavía se ve sometido a los avatares del mundo de los negocios y que no cuenta con una directriz firme, se transforma y se refuerza bajo la administración de William McKinley. La prueba es que, más adelante, la mayor parte de sus hombres desempeñan un papel fundamental a la cabeza de las instituciones. Así, Georges Bruce Cortelyou (1862-1940), su antiguo secretario particular, ocupa los puestos de secretario del Comercio y del Tesoro, y de jefe del departamento de correos de Estados Unidos en los gabinetes de Theodore Roosevelt y de Charles Dawes (hombre político estadounidense, 1865-1951); su amigo William Rufus Day (1849-1923) es nombrado miembro de la Corte Suprema y William Howard Taft (1857-1930), designado por William McKinley gobernador general de Filipinas, sucede a Theodore Roosevelt como vigesimoséptimo presidente.

UNA NUEVA MANERA DE GOBERNAR

Su manera de gobernar inspira a los jefes de Estado que lo suceden, empezando por el popular Theodore Roosevelt, cuyos dos mandatos están marcados por la visión política de William McKinley. Para reafirmar el poder presidencial ante el Congreso, este utiliza las mismas maniobras, con las que consolida su imagen ante el pueblo. Theodore Roosevelt, que está presente en los temas económicos interiores, legisla sobre las cuestiones de tasas, logrando que se aprueben medidas sanitarias sobre los alimentos o regulando las tarifas de los ferrocarriles para proteger mejor al consumidor. Pero donde retoma la revolución que ha iniciado William McKinley es, sobre todo, en la escena internacional. En efecto, es un internacionalista que deja poco sitio al Congreso. Favorece el despliegue de las tropas militares, en particular las de la flota, y continúa la política de puertas abiertas.

Retrato de Theodore Roosevelt.

Theodore Roosevelt, que retoma las costumbres de su predecesor en lo que respecta a la prensa, busca agradar a la opinión pública y ofrecer la imagen de un presidente moderno y eficaz. Su secretario personal se convierte en su secretario de prensa y, como gran novedad, deja que se filtren datos sobre su vida privada y sobre sus hijos. Se dirige con frecuencia a la nación, haciendo presión sobre los legisladores que se resisten a su política, y usa la publicidad con el mismo fin que William McKinley y Marcus Hanna. Así, William McKinley y Theodore Roosevelt son los dos primeros jefes de Estado que inauguran la presidencia retórica, la que usa los medios de comunicación para afirmar ante el Congreso el papel del presidente ante la opinión pública.

Finalmente, William McKinley resulta ser un presidente obstinado y fiel a sus principios políticos. Con su estrategia monetaria y aduanera, es el presidente que impulsa de nuevo la economía estadounidense y eclipsa el mandato de su predecesor demócrata, Stephen Grover Cleveland. Para acabar, su aporte también es territorial. Con la guerra de Cuba, amplía el territorio estadounidense. Pero, más allá de estas anexiones, William McKinley impone —bruscamente, dirían sus detractores— a los Estados Unidos en la escena mundial.

EN RESUMEN

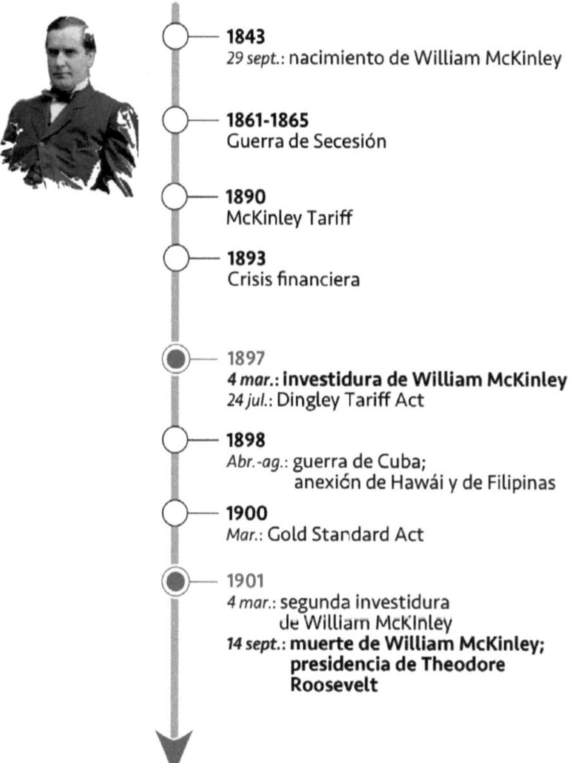

- William McKinley, nacido en 1843, se da a conocer en Ohio y va creciendo como personaje político y público en su puesto de jurista, de miembro del Congreso y, posteriormente, de gobernador.

- Cuando estalla la guerra de Secesión, William McKinley se inscribe como voluntario y se une a las tropas federadas. Asciende en la jerarquía militar y, poco a poco, logra afirmar su liderazgo. También es durante este acontecimiento cuando conoce a Rutherford Birchard Hayes, quien lo inspira y lo guía en su carrera política.

- William McKinley, que goza de una gran fama, decide presentarse a las elecciones de 1896. Utiliza la publicidad durante su campaña, siguiendo los consejos de su amigo Marcus Hanna. Finalmente, resulta elegido con más de siete millones de votos a su favor y recibe el apoyo de 271 grandes electores.

- Durante toda su carrera política, William McKinley se presenta como un ferviente defensor de las tasas aduaneras, que considera necesarias para la protección de las industrias estadounidenses. Esto guía sus decisiones en cada uno de los puestos que ocupa, e incluso logra que se vote en 1890 el McKinley Tariff.

- También se convierte en el presidente que pone punto final al bimetalismo para reimpulsar la economía del país y decide establecer la correlación entre el dólar y el oro, en vez de la plata.

- Tras los actos violentos que los españoles cometen contra los cubanos que desean obtener su independencia, William McKinley decide participar en el conflicto después de la destrucción de un barco estadounidense. De esta manera, introduce al país en una nueva era, la del expansionismo y la del imperialismo.

- A través de diferentes medidas, William McKinley vuelve a iluminar la posición de presidente y reafirma su papel frente al Congreso, lo que inspira a sus sucesores republicanos.

- El 6 de septiembre de 1901, mientras pronuncia un discurso en un museo, resulta gravemente herido tras los disparos del anarquista Leon Czolgosz. Fallece el 14 de septiembre a consecuencia de sus heridas, lo que trastorna a todo Estados Unidos.

FUENTES BIBLIOGRÁFICAS

- Caruth, Gordon. 1993. *The encyclopedia of American facts and dates*. Nueva York: Harper Collins.
- Gould, Lewis L. "American President: William McKinley (1843-1901)". *Miller Center*. Consultado el 3 de mayo de 2017. https://millercenter.org/president/mckinley
- Kaspi, André. 1986. *Les Américains. Naissance et essor des États-Unis. 1607-1945*. París: Seuil.
- Melandri, Pierre. 2013. *Histoire des États-Unis. L'ascension. 1865-1974*. París: Perrin, colección *Tempus*.

FUENTES COMPLEMENTARIAS

- Glad, Paul. 1964. *McKinley, Bryan and the people*. Filadelfia: J. B. Lippincott.
- Gould, Lewis L. 1981. *The presidency of William McKinley*. Texas: Regent press of Texas.
- Kaspi, André y Hélène Harter. 2012. *Les présidents américains*. París: Tallandier.
- Morgan, Howard Wayne. 1969. *From Hayes to McKinley. National Party politics*. Nueva York: Syracuse university press.
- Robert, Frédéric. 2001. *L'histoire américaine à travers les présidents américains et leurs discours d'investiture. 1789-2001*. París: Ellipses.

FUENTES ICONOGRÁFICAS

* Fotografía de McKinley tomada por Mathew Brady en 1865, justo después de la guerra. La imagen reproducida está libre de derechos.
* Retrato de Ida Saxton. La imagen reproducida está libre de derechos.
* Retrato de Jacob Coxey. La imagen reproducida está libre de derechos.
* Retrato de Marcus Hanna. La imagen reproducida está libre de derechos.
* Cartel electoral de 1900 que muestra a McKinley de pie sobre el patrón oro, sostenido por soldados, marinos, hombres de negocios y obreros. La imagen reproducida está libre de derechos.
* El asesinato del presidente William McKinley por parte de Leon Czolgosz, dibujo de T. Dart Walker. La imagen reproducida está libre de derechos.
* Retrato de Theodore Roosevelt. La imagen reproducida está libre de derechos.